KB209519

만화와 함께 쉽게 배우면서 삶의 지혜까지 생기는 고전!

일단 천자문부터 익히기

시작하는 말

천자문은 한문을 처음 배우는 사람을 위하여 교과서로 쓰이던 책으로 중국 양나라의 주흥사가 기초 한자 1000자를 사언고시 250구로 꾸몄습니다.

천지현황으로 시작하여 언재호야로 끝나는 천자문의 글자는 대부분 우리의 일상 생활에서 사용되는 기초적인 것으로 익혀 놓으면 많은 도움이 됩니다.

자연 현상에서부터 인륜 도덕에 이르기까지 여러 가지 용어를 수록한 천자문은 삶의 지혜 뿐만 아니라 오묘한 이치를 함축하고 있습니다. 따라서 이 책을 통하여 천자문을 익히고 삶의 지혜를 온 가족이 배울 수 있는 유익한 시간이 되었으면 합니다.

天	地	玄	黃
하늘 **천**	땅 **지**	검을 **현**	누를 **황**

천지현황 : 하늘은 그 빛이 검고 땅은 그 빛이 누렇다.

天		地		玄		黃	

宇 宙 洪 荒
집 우
집 주
넓을 홍
거칠 황
다시 잘 읽어봐.
우주는 넓고 외워야 할 한자는 많도다.
우주홍황 : 우주는 넓고 거칠다.
宇 宙 洪 荒

日月盈昃

日	月	盈	昃
날 일	달 월	찰 영	기울 측

일월영측 : 해는 서쪽으로 기울고 달은 차서 이지러진다.

日		月		盈		昃	

辰	宿	列	張
별 진	잘 숙	벌릴 렬	베풀 장

진숙렬장 : 별들은 하늘에 넓게 펼쳐져 있다.

辰		宿		列		張	

寒	來	暑	往
찰 한	올 래	더울 서	갈 왕

한래서왕 : 추위가 오면 더위는 물러간다.

寒		來		暑		往	

秋	收	冬	藏
가을 **추**	거둘 **수**	겨울 **동**	감출 **장**

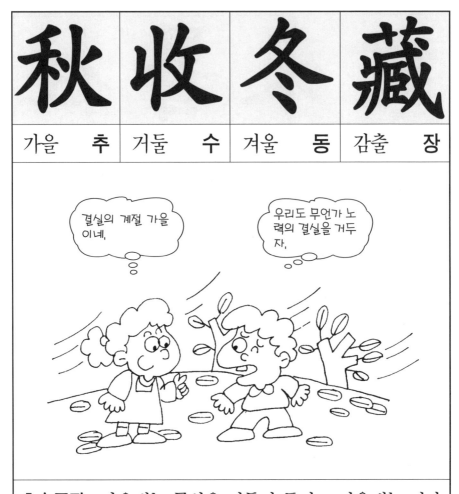

추수동장 : 가을에는 곡식을 거두어 들이고 겨울에는 저장을 한다.

秋		收		冬		藏	

閏	餘	成	歲
윤달 **윤**	남을 **여**	이룰 **성**	해 **세**

윤여성세 : 열두 달 하고 나머지 시간을 윤달로 하여 일 년이 된다.

閏		餘		成		歲	

律 呂 調 陽
법 률
음률 려
고를 조
볕 양
한여름에 우박이 쏟아지는 것도 율려조양인가요?
뭐라고?
율려조양 : 법은 곧 음과 양을 고르게 한다.
律 呂 調 陽

雲	騰	致	雨
구름 운	오를 등	이룰 치	비 우

운등치우 : 수증기는 하늘로 올라가 구름이 된 후 비가 되어 내린다.

雲		騰		致		雨	

露	結	爲	霜
이슬 **로**	맺을 **결**	할 **위**	서리 **상**

이렇게 더러운 곳에 있다
가는 우리들 모두 죽을
거야. 그러니 깨끗한 물
이 있는 곳으로 가자.

노결위상 : 이슬은 차가운 공기에 접촉해서 서리가 된다.

露		結		爲		霜	

金	生	麗	水
쇠 금	날 생	고울 려	물 수

금생려수 : 금은 여수에서 많이 난다.

金		生		麗		水	

玉	出	崑	岡
구슬 옥	날 출	메 곤	메 강

옥출곤강 : 옥은 곤강에서 많이 난다.

玉		出		崑		岡	

劍	號	巨	闕
칼 **검**	이름 **호**	클 **거**	집 **궐**

검호거궐 : 칼은 구야자가 만든 거궐이 으뜸이다.

劍		號		巨		闕	

珠	稱	夜	光
구슬 **주**	일컬을 **칭**	밤 **야**	빛 **광**

형설지공이 아니라
야광주 아래서 새앙
쥐를 생각하며…

주칭야광 : 구슬은 캄캄한 밤에도 빛을 발산하는 야광이 유명하다.

珠 稱 夜 光

果	珍	李	柰
과실 과	보배 진	오얏 리	능금 내

과진리내 : 과일 중에서는 오얏과 사과가 으뜸이다.

果		珍		李		柰	

菜	重	芥	薑
나물 채	무거울 중	겨자 개	생강 강

채중개강 : 야채 중에서는 겨자와 생강이 큰 몫을 한다.

菜		重		芥		薑	

海	鹹	河	淡
바다 해	짤 함	물 하	맑을 담

해함하담 : 바닷물은 짜고 민물은 담백하다.

海		鹹		河		淡	

鱗	潛	羽	翔
비늘 **린**	잠길 **잠**	깃 **우**	날 **상**

시원하겠다.
나도 물 속에서 살
수 없을까?
우리가 하늘을 날
수 있다면 가능한
일일 거야.

인잠우상 : 비늘 있는 것은 물 속에 잠기고 날개 있는 것은 하늘을 날아다닌다.

鱗		潛		羽		翔	

龍 師 火 帝

龍	師	火	帝
용 룡	스승 사	불 화	임금 제

용사화제 : 중국의 임금 가운데에 용사는 복희씨를 화제는 신농씨를 말한다.

龍		師		火		帝	

鳥	官	人	皇
새 조	벼슬 관	사람 인	임금 황

조관인황 : 옛날 중국의 임금 가운데에 조관은 소호씨를 인황은 황제를 말한다.

鳥		官		人		皇	

始	制	文	字
비로소 **시**	지을 **제**	글월 **문**	글자 **자**

시제문자 : 비로소 사람이 문자를 만들었다.

始		制		文		字	

乃	服	衣	裳
이에 내	옷 복	옷 의	치마 상

내복의상 : 호조라는 사람이 처음으로 옷을 만들었다.

乃		服		衣		裳	

推	位	讓	國
밀 **추**	자리 **위**	사양할 **양**	나라 **국**

추위양국 : 세습을 버리고 나라를 물려 주었다.

推		位		讓		國	

有	虞	陶	唐
있을 유	나라 우	질그릇 도	당나라 당

유우도당 : 도당은 순에게, 유우는 우에게 나라를 물려 주었다.

有		虞		陶		唐	

弔	民	伐	罪
조상할 **조**	백성 **민**	칠 **벌**	허물 **죄**

조민벌죄 : 불쌍한 백성을 돕고 죄인을 벌한다.

弔		民		伐		罪	

周	發	殷	湯
두루 **주**	필 **발**	은나라 **은**	끓일 **탕**

주발은탕 : 주나라의 발은 은나라의 주왕을, 은나라의 탕왕은 하나라의 걸왕을 몰아냈다.

周		發		殷		湯	

坐朝問道

坐	朝	問	道
앉을 좌	아침 조	물을 문	길 도

좌조문도 : 조정에 앉아서 백성을 올바르게 다스리는 길을 물었다.

坐		朝		問		道	

垂	拱	平	章
드리울 **수**	팔짱낄 **공**	평평할 **평**	글 **장**

수공평장 : 몸을 공손히 하고 백성을 바르게 다스렸다.

垂		拱		平		章	

愛	育	黎	首
사랑 **애**	기를 **육**	검을 **려**	머리 **수**

애육려수 : 임금은 모든 백성을 사랑으로 돌보아야 한다.

愛		育		黎		首	

臣	伏	戎	羌
신하 **신**	엎드릴 **복**	종족 이름 **융**	오랑캐 **강**

옛날 이야기 중에는 주인을 구한 오랑이 이야기도 있는데…
오랑이가 사람을 구했다고요!

신복융강 : 오랑캐인 융과 강도 신하가 되어 엎드려 복종한다.

臣		伏		戎		羌	

遐	邇	壹	體
멀 하	가까울 이	한 일	몸 체

하이일체 : 멀리 또는 가까이 있는 나라들이 왕의 덕에 감화되어 하나가 된다.

遐		邇		壹		體	

率	賓	歸	王
거느릴 **솔**	손 **빈**	돌아갈 **귀**	임금 **왕**

솔빈귀왕 : 무리를 거느리고 임금에게로 돌아간다.

率		賓		歸		王	

鳴	鳳	在	樹
울 **명**	새 **봉**	있을 **재**	나무 **수**

명봉재수 : 봉황새가 나무에 앉아서 운다.

鳴		鳳		在		樹	

白	駒	食	場
흰 **백**	망아지 **구**	밥 **식**	마당 **장**

백구식장 : 하얀 망아지가 마당에서 풀을 뜯는다.

白		駒		食		場	

化	被	草	木
될 화	입을 피	풀 초	나무 목

화피초목 : 임금의 덕은 풀과 나무에도 미친다.

化		被		草		木	

賴 及 萬 方
힘입을 뢰 미칠 급 일만 만 모 방
훈장님! 어디 가세요?
이웃나라에 나의 덕을 알리려고…
뇌급만방 : 덕은 다른 여러 나라에까지 고르게 미친다.
賴 及 萬 方

蓋	此	身	髮
덮을 개	이 차	몸 신	터럭 발

개차신발 : 사람의 몸과 털은 부모에게서 받은 것이다.

蓋		此		身		髮	

四 大 五 常
넉 사 | 큰 대 | 다섯 오 | 떳떳할 상
보따리를 제게 주셔요. 들어다 드릴게요.
사대오상 : 네 가지 큰 것은 다섯 가지 도로 보살펴야 한다.
四 大 五 常

恭	惟	鞠	養
공손할 **공**	오직 **유**	기를 **국**	기를 **양**

뚱뚱하다고 살빼기
를 하면 불효일까?

공유국양 : 길러 준 부모의 은혜를 생각한다.

恭		惟		鞠		養	

豈	敢	毁	傷
어찌 기	감히 감	헐 훼	상할 상

기감훼상 : 어찌 감히 몸을 더럽게 하거나 상하게 할 수 있으리요.

豈		敢		毁		傷	

女	慕	貞	烈
계집 **녀**	사모할 **모**	곧을 **정**	매울 **렬**

여모정렬 : 여자는 정조를 지키고 행실을 단정히 하여야 한다.

女		慕		貞		烈	

男	效	才	良
사내 **남**	본받을 **효**	재주 **재**	어질 **량**

남효재량 : 남자는 재능을 닦고 어진 것을 본받아야 한다.

男		效		才		良	

知	過	必	改
알 **지**	지날 **과**	반드시 **필**	고칠 **개**

지과필개 : 허물을 깨달으면 반드시 고쳐야 한다.

知		過		必		改	

得 能 莫 忘
언을 득 능할 능 아닐 막 잊을 망
서당길 3년에 필망이
라니?
득능막망 : 무엇이든 배우면 잊지 않아야 한다.
得 能 莫 忘

罔	談	彼	短
없을 망	말씀 담	저 피	짧을 단

입만 열면 남의
흉을 보는데 말
이야, 그건…

망담피단 : 다른 사람의 나쁜 점을 말하지 않아야 한다.

罔		談		彼		短	

靡	恃	己	長
아닐 미	믿을 시	몸 기	긴 장

미시기장 : 자기의 장점을 믿고 자랑하지 말아야 한다.

靡 恃 己 長

신사가복 : 믿음은 진리이기 때문에 되풀이하여 행해야 한다.

信		使		可		覆	

器	欲	難	量
그릇 **기**	하고자할 **욕**	어려울 **난**	헤아릴 **량**

기욕난량 : 사람의 기량은 헤아리기 어려울 정도로 깊어야 한다.

器		欲		難		量	

墨	悲	絲	染
먹 **묵**	슬플 **비**	실 **사**	물들 **염**

묵비사염 : 하얀 실에 검은 물이 들면 다시 하얘지지 못함을 슬퍼한다.

墨		悲		絲		染	

詩	讚	羔	羊
글 시	기릴 찬	염소 고	양 양

시찬고양 : 시경의 고양편에 주나라 문왕의 충직함을 기렸다.

詩		讚		羔		羊	

景	行	維	賢
볕 **경**	다닐 **행**	묶을 **유**	어질 **현**

경행유현 : 행실이 훌륭하면 어진 사람이 된다.

景		行		維		賢	

剋念作聖

剋	念	作	聖
이길 **극**	생각 **념**	지을 **작**	성인 **성**

반드시 야구 선수
가 될 거야.
야구선수가 되기 전에
인간이 되는 것이 좋을
것 같은데…

극념작성 : 어려움을 참으며 수양을 하면 성인이 된다.

剋		念		作		聖	

德	建	名	立
큰 덕	세울 건	이름 명	설 립

덕건명립 : 덕으로 행하면 좋은 이름이 널리 나게 된다.

德		建		名		立	

形	端	表	正
형상 형	끝 단	겉 표	바를 정

그녀석 제법이군.
그런데 훈장님! 겉과 속이 다른 경우도 많아요. 오리도 그렇고요…

형단표정 : 모습이 단정하고 깨끗하면 정직함이 겉으로 나타난다.

形		端		表		正	

空	谷	傳	聲
빌 **공**	골 **곡**	전할 **전**	소리 **성**

공곡전성 : 마치 빈 골짜기에 소리가 전해지듯 어진 사람의 말은 멀리 퍼진다.

空		谷		傳		聲	

虛	堂	習	聽
빌 허	집 당	익힐 습	들을 청

허당습청 : 빈 집에서의 말도 누군가 듣는다.

虛		堂		習		聽	

禍	因	惡	積
재앙 **화**	인할 **인**	악할 **악**	쌓을 **적**

평소 행동이 방정
맞다 보니 또…
내가 그럴 줄
알았다니까.
가슴
떨려…

화인악적 : 행복하지 않은 것은 나쁜 일을 거듭함으로써 생긴다.

禍		因		惡		積	

福	緣	善	慶
복 복	인연 연	착할 선	경사 경

복연선경 : 행복은 평소 착하고 경사스러운 일을 함으로써 얻어진다.

福		緣		善		慶	

尺	壁	非	寶
자 **척**	구슬 **벽**	아닐 **비**	보배 **보**

척벽비보 : 한 자 되는 큰 구슬도 모두 보배는 아니다.

尺		壁		非		寶	

寸 陰 是 競
마디 촌
그늘 음
이 시
다툴 경
훈장님 24시간을 26 시간으로 쓰려면 어떻게 해야 하지요?
너희들이 웬일이니?
촌음시경 : 짧은 시간도 서로가 다투듯 아껴 써야 한다.
寸 陰 是 競

資	父	事	君
도울 자	아비 부	일 사	임금 군

자부사군 : 어버이 섬기는 마음으로 임금을 섬겨야 한다.

資		父		事		君	

曰	嚴	與	敬
가로 **왈**	엄할 **엄**	더불 **여**	공경할 **경**

그래, 할아버지 할머니한테 뿐만 아니라 누구에게나 공경하는 마음으로 정성스럽게 대해야 하느니라.
절 받으세요

왈엄여경 : 엄함과 더불어 공경함이 있어야 한다.

曰		嚴		與		敬	

효당갈력 : 효도를 함에는 마땅히 온 정성을 다해야 한다.

孝		當		竭		力	

忠	則	盡	命
충성 **충**	법칙 **칙**	다할 **진**	목숨 **명**

충칙진명 : 충성은 자기 목숨을 바쳐서 해야 한다.

忠		則		盡		命	

臨	深	履	薄
임할 림	깊을 심	밟을 리	엷을 박

엄마, 오늘 설거지는 제가 할게요.
가만히 있는 것이 도와 주는 것인데, 왠지…

임심리박 : 깊은 곳에 임하듯 얇은 것을 밟듯 모든 일에 주의해야 한다.

臨		深		履		薄	

夙	興	溫	凊
이를 **숙**	흥할 **흥**	더울 **온**	서늘할 **청**

숙흥온청 : 일찍 일어나 서늘하면 따뜻하게 하고 더우면 서늘하게 해야 한다.

夙		興		溫		凊	

似	蘭	斯	馨
같을 사	난초 란	이 사	향기 형

훈장님!
제발 냄새
향기롭죠?
한 번만 더 향기로우
면 졸도하겠구나.
송장 썩는 냄새?

사란사형 : 군자의 행실은 난초와 같이 멀리까지 향기롭다.

似		蘭		斯		馨	

如	松	之	盛
같을 **여**	솔 **송**	갈 **지**	성할 **성**

여송지성 : 소나무같이 항상 싱싱하다.

如		松		之		盛	

川	流	不	息
내 천	흐를 류	아니 불	쉴 식

흐르는 물에는 이끼
가 끼지 않는법.
이 강물은 흘러흘러 어디까지 갈까?

천류불식 : 냇물은 쉬지 않고 흐른다.

川		流		不		息	

淵	澄	取	暎
못 **연**	맑을 **징**	취할 **취**	비칠 **영**

연징취영 : 못의 맑은 물은 그림자를 비춘다.

淵		澄		取		暎	

容	止	若	思
얼굴 **용**	그칠 **지**	같을 **약**	생각 **사**

용지약사 : 행동을 침착하게 하고 잘못한 점이 없는가 생각한다.

容		止		若		思	

言	辭	安	定
말씀 **언**	말씀 **사**	편안할 **안**	정할 **정**

언사안정 : 말은 언제나 침착하게 해야 한다.

言		辭		安		定	

篤	初	誠	美
도타울 **독**	처음 **초**	정성 **성**	아름다울 **미**

독초성미 : 처음에 성실한 것은 아름답다.

篤		初		誠		美	

신종의령 : 끝맺음도 마땅히 좋아야 한다.

榮	業	所	基
영화 영	업 업	바 소	터 기

영업소기 : 행실을 바르게 하면 출세의 토대가 된다.

榮		業		所		基	

籍	甚	無	竟
호적 **적**	심할 **심**	없을 **무**	마침내 **경**

적심무경 : 명성은 마침내 길이 빛날 것이다.

籍		甚		無		竟	

學	優	登	仕
배울 학	넉넉할 우	오를 등	벼슬 사

학우등사 : 학문이 뛰어나면 벼슬길에 오르게 된다.

學		優		登		仕	

攝職從政

攝	職	從	政
잡을 **섭**	일 **직**	좇을 **종**	정사 **정**

섭직종정 : 벼슬길에 올라 나라 일을 돌보게 된다.

攝		職		從		政	

存	以	甘	棠
있을 존	써 이	달 감	아가위 당

왜 감당나무
아래에 있어?
소공이 살았을 때
이렇게 했대.

존이감당 : 주나라 소공이 살아 있을 때에는 산사나무 아래에서 백성들을 교화시켰다.

存		以		甘		棠	

去	而	益	詠
갈 거	말이을 이	더할 익	읊을 영

거이익영 : 소공이 죽은 후 그의 덕을 추모하여 시로 읊었다.

去		而		益		詠	

樂	殊	貴	賤
즐길 **락**	다를 **수**	귀할 **귀**	천할 **천**

악수귀천 : 즐기는 것도 사람의 귀하고 천함에 따라 각각 다르게 한다.

樂		殊		貴		賤	

禮	別	尊	卑
예도 례	다를 별	높을 존	낮을 비

예별존비 : 예도에도 분별이 있어 높고 낮음에 따라 다르게 한다.

禮		別		尊		卑	

上	和	下	睦
윗 **상**	화할 **화**	아래 **하**	화목할 **목**

상화하목 : 윗사람이 온화하면 아랫사람도 화목하게 된다.

上		和		下		睦	

夫	唱	婦	隨
지아비 부	부를 창	며느리 부	따를 수

부창부수 : 남편이 부르면 아내는 따른다.

夫		唱		婦		隨	

外	受	傅	訓
바깥 **외**	받을 **수**	스승 **부**	가르칠 **훈**

외수부훈 : 밖에 나가서는 스승의 가르침을 잘 지켜야 한다.

外		受		傅		訓	

入	奉	母	儀
들 **입**	받들 **봉**	어미 **모**	거동 **의**

입봉모의 : 집에 돌아오면 어머니의 뜻을 받들어 본받아야 한다.

入 奉 母 儀

諸	姑	伯	叔
모두 **제**	고모 **고**	맏 **백**	아재비 **숙**

제고백숙 : 고모 · 큰아버지 · 작은아버지는 모두 아버지의 형제 자매이다.

諸		姑		伯		叔	

猶	子	比	兒
같을 **유**	아들 **자**	견줄 **비**	아이 **아**

유자비아 : 조카도 자기 자식과 같이 대해야 한다.

猶		子		比		兒	

孔	懷	兄	弟
구멍 **공**	품을 **회**	맏 **형**	아우 **제**

공회형제 : 형과 아우는 서로 돕고 정답게 지내야 한다.

孔		懷		兄		弟	

同	氣	連	枝
한가지 **동**	기운 **기**	연할 **련**	가지 **지**

동기련지 : 한 부모에게서 태어난 형제는 한 나무에서 갈라진 가지와 같다.

同		氣		連		枝	

交	友	投	分
사귈 교	벗 우	던질 투	나눌 분

교우투분 : 벗을 사귐에는 정을 쏟아야 한다.

交		友		投		分	

切	磨	箴	規
끊을 **절**	갈 **마**	경계할 **잠**	법 **규**

절마잠규 : 열심히 갈고 닦아서 사람으로서의 도리를 지킨다.

切		磨		箴		規	

仁 慈 隱 惻
어질 인
사랑 자
숨을 은
슬플 측
나도 불우한 이웃을 도와야겠어.
고맙습니다!
인자은측 : 어진 마음으로 다른 사람을 사랑하며 불쌍히 여겨야 한다.
仁 慈 隱 惻

造	次	弗	籬
지을 조	버금 차	아닐 불	떠날 리

조차불리 : 다른 사람 사랑하는 마음을 항상 간직해야 한다.

造		次		弗		籬	

節	義	廉	退
마디 **절**	옳을 **의**	청렴할 **렴**	물러갈 **퇴**

절의렴퇴 : 절개 · 의리 · 청렴 · 사양은 군자가 절도 있게 지켜야 한다.

節		義		廉		退	

顚	沛	匪	虧
넘어질 **전**	자빠질 **패**	아닐 **비**	이지러질 **휴**

전패비휴 : 넘어지고 자빠져도 이지러지지 않는다.

性	靜	情	逸
성품 **성**	고요할 **정**	뜻 **정**	편안할 **일**

훈장님!
조용히 앉아 공부만 하려고 하니 자꾸 졸려요.

성정정일 : 성품을 고요히하면 뜻이 편안하다.

性		靜		情		逸	

心	動	神	疲
마음 **심**	움직일 **동**	귀신 **신**	가쁠 **피**

심동신피 : 마음이 움직이면 정신이 피로해진다.

心		動		神		疲	

守	眞	志	滿
지킬 **수**	참 **진**	뜻 **지**	가득할 **만**

수진지만 : 참됨을 곧게 지키면 뜻이 가득하다.

守		眞		志		滿	

逐物意移

逐	物	意	移
좇을 축	만물 물	뜻 의	옮길 이

축물의이 : 물건을 탐내어 욕심이 크면 마음도 변한다.

逐	物	意	移

堅	持	雅	操
굳을 **견**	가질 **지**	맑을 **아**	잡을 **조**

견지아조 : 맑고 바른 뜻을 굳게 가져야 한다.

堅		持		雅		操	

好	爵	自	縻
좋을 **호**	벼슬 **작**	스스로 **자**	얽을 **미**

국민 여러분!
저로 말할 것 같으면…

호작자미 : 노력하면 자연히 좋은 벼슬을 얻을 수 있다.

好		爵		自		縻	

都	邑	華	夏
도읍 **도**	고을 **읍**	나라이름 **화**	여름 **하**

도읍화하 : 중국의 서울을 화하에 정했다.

都		邑		華		夏	

東 西 二 京
동녘 동
서녘 서
두 이
서울 경
서울이
둘이라고요?
동서이경 : 동쪽과 서쪽에 두 서울이 있다.
東 西 二 京

背	邙	面	洛
등 **배**	산이름 **망**	낯 **면**	낙수 **락**

배망면락 : 낙양은 북에 북망산을 낙양은 남에 낙수가 있다.

背		邙		面		洛	

浮	渭	據	涇
뜰 **부**	물이름 **위**	웅거할 **거**	물이름 **경**

부위거경 : 장안은 서북에 위수 · 경수 두 물이 있다.

浮		渭		據		涇	

宮	殿	盤	鬱
집 **궁**	전각 **전**	소반 **반**	답답할 **울**

궁전반울 : 궁전이 빽빽하게 세워져 있다.

宮		殿		盤		鬱	

樓	觀	飛	驚
다락 루	볼 관	날 비	놀랄 경

너무 자랑하지마, 나는 경주에 갔다 왔는데…
시끄러우니까 그만 말해.

누관비경 : 누각이 하늘을 날듯 솟아 있어 놀랍다.

樓		觀		飛		驚	

圖	寫	禽	獸
그림 **도**	베낄 **사**	새 **금**	짐승 **수**

도사금수 : 궁전 내부의 벽에는 새와 짐승의 그림이 있다.

圖		寫		禽		獸	

畫	綵	仙	靈
그림 화	채색 채	신선 선	신령 령

화채선령 : 신선과 신령의 그림도 고운 빛깔로 칠해져 있다.

畫		綵		仙		靈	

丙	舍	傍	啓
남녘 **병**	집 **사**	곁 **방**	열 **계**

병사방계 : 신하들이 쉬는 병사의 문은 정전 옆에 열려 있다.

丙		舍		傍		啓	

갑옷 **갑**	휘장 **장**	대답할 **대**	기둥 **영**

갑장대영 : 아름다운 휘장이 마주 선 기둥 사이로 드리워져 있다.

甲		帳		對		楹	

肆	筵	設	席
베풀 사	대자리 연	베풀 설	자리 석

사연설석 : 돗자리를 깔아 잔치할 수 있는 자리를 만들었다.

肆		筵		設		席	

鼓	瑟	吹	笙
북 고	비파 슬	불 취	생황 생

고슬취생 : 북을 치고 비파를 뜯어가며 피리를 분다.

鼓		瑟		吹		笙	

陞	階	納	陛
오를 **승**	층계 **계**	들일 **납**	섬돌 **폐**

뭘 그렇게 바라보니?
훈장님의 망건에 구슬이 달려 있나 해서요.

승계납폐 : 백관(벼슬아치)들이 돌층계에 올라 임금님을 뵌다.

陞		階		納		陛	

弁	轉	疑	星
고깔 **변**	구를 **전**	의심할 **의**	별 **성**

변전의성 : 백관이 쓴 관의 구슬 움직이는 모습이 현란하여 마치 별이 반짝이는 것처럼 빛난다.

弁		轉		疑		星	

右	通	廣	内
오른 **우**	통할 **통**	넓을 **광**	안 **내**

우통광내 : 오른쪽은 사무를 보는 광내전(비서실)으로 통한다.

右		通		廣		内	

左	達	承	明
왼 좌	이를 달	이을 승	밝을 명

오락실은 모르겠고
왼쪽으로 가면 도서
관이 있어.
왼쪽으로 가면
도서관이…

좌달승명 : 왼쪽으로는 승명려(도서관)와 통한다.

左		達		承		明	

旣	集	墳	典
이미 **기**	모을 **집**	무덤 **분**	법 **전**

기집분전 : 이미 삼분 · 오전과 같은 옛날 책을 모았다.

旣		集		墳		典	

亦	聚	群	英
또 역	모을 취	무리 군	꽃부리 영

역취군영 : 또한 뛰어난 여러 사람도 많이 모았다.

亦		聚		群		英	

杜	稾	鍾	隷
막을 **두**	원고 **고**	쇠북 **종**	글씨 **례**

두고종례 : 초서를 쓴 두백도와 예서를 쓴 종요의 글씨가 비치되어 있다.

杜		稾		鍾		隷	

漆	書	壁	經
옻칠할 **칠**	글 **서**	벽 **벽**	글 **경**

칠서벽경 : 글로는 한나라 영제가 발견한 칠서(대나무에 옻칠을 해 과두 문자로 적은 것)와 공자의 육경이 있다.

漆		書		壁		經	

府	羅	將	相
마을 **부**	벌릴 **라**	장수 **장**	서로 **상**

부라장상 : 관청에는 조회 때면 장수와 정승들이 벌려 늘어서 있다.

府		羅		將		相	

路	俠	槐	卿
길 로	낄 협	삼공 괴	벼슬 경

노협괴경 : 큰길에는 삼공 등 벼슬아치들의 집이 늘어서 있다.

路		俠		槐		卿	

戶 封 八 縣
지게 호
봉할 봉
여덟 팔
고을 현
조선시대에 태어났다면 한 열 고을 정도는…
꿈 깨.
호봉팔현 : 여덟 고을을 왕족이나 공신에게 주어 살게 했다.
戶 封 八 縣

家	給	千	兵
집 가	줄 급	일천 천	군사 병

가급천병 : 왕족이나 공신에게는 천 명의 병사를 주어 지키게 했다.

家		給		千		兵	

高冠陪輦
높을 고
갓 관
모실 배
연 련
멋 있는 관 쓰고
가마 한 번 타 보
면 좋겠는데…

고관배련 : 높은 관을 쓰고 임금의 수레를 따라갔다.

高		冠		陪		輦	

駒	轂	振	纓
몰 **구**	바퀴 **곡**	떨칠 **진**	끈 **영**

구곡진영 : 수레가 갈 때 갓끈이 떨친다.

駒		轂		振		纓	

世	祿	侈	富
인간 **세**	녹 **록**	사치할 **치**	부자 **부**

봉급은 한 대에서 끝
나는 것이 아니라 대
대로 이어졌지.
훈장님
그게 사실이에요?

세록치부 : 사치한 생활을 할 수 있을 만큼 대대로 주는 녹은 많았다.

世		祿		侈		富	

車	駕	肥	輕
수레 거	멍에 가	살찔 비	가벼울 경

거가비경 : 수레의 말은 살찌고 그 걸음은 가벼웠다.

車		駕		肥		輕	

策	功	茂	實
꾀 책	공 공	성할 무	열매 실

책공무실 : 공신들의 공을 기록함이 많았다.

策 功 茂 實

勒	碑	刻	銘
굴레 륵	비석 비	새길 각	새길 명

늑비각명 : 비석에 이름을 새겨 그 공을 기렸다.

勒		碑		刻		銘	

돌 **반**	시내 **계**	저 **이**	맏 **윤**

반계이윤 : 문왕이 반계에서 태공을 맞이하고 탕왕이 신야에서 이윤을 맞이하였다.

磻		溪		伊		尹	

佐	時	阿	衡
도울 **좌**	때 **시**	언덕 **아**	저울대 **형**

어떤 칭호를 받을까 미리 생각해 둬야지.
공은 고사하고 공부나 먼저 해.
맞아. 김칫국부터 마시지마.

좌시아형 : 위급한 때를 도와 공을 세운 이윤은 아형의 칭호를 받았다.

佐		時		阿		衡	

奄	宅	曲	阜
문득 **엄**	집 **택**	굽을 **곡**	언덕 **부**

엄택곡부 : 주공은 노나라의 곡부에 큰 집을 지었다.

奄		宅		曲		阜	

微	旦	孰	營
아닐 미	아침 단	누구 숙	경영할 영

뭐가 그리 좋으니?
오늘 큰일을 했거든요.
기특하군!
길 잃은 아이에게 집을 찾아 주었어요.

미단숙영 : 주공이 아니고서는 어느 누구도 그런 큰일을 할 수 없었다.

微		旦		孰		營	

桓	公	匡	合
굳셀 **환**	공 **공**	바를 **광**	모을 **합**

환공광합 : 환공이 세상을 바로잡고 제후를 모아 굳은 약속을 지키도록 하였다.

桓		公		匡		合	

濟	弱	扶	傾
건널 **제**	약할 **약**	붙들 **부**	기울어질 **경**

제약부경 : 약한 나라를 구제하고 기울어지는 나라를 붙들어 주었다.

濟		弱		扶		傾	

綺	回	漢	惠
비단 **기**	돌아올 **회**	나라 **한**	은혜 **혜**

기회한혜 : 네 현인의 한 사람인 기리계가 한나라의 혜제가 태자의 자리를 되찾게 해 주었다.

綺		回		漢		惠	

說	感	武	丁
기쁠 **열**	느낄 **감**	호반 **무**	장정 **정**

굶지 않는 것은 내 손에 달려 있으니 말 잘 들어.

이상한 말 계속하면 꽉 깨물 수도…

열감무정 : 부열은 무정의 꿈에 나타나 그를 감동시켰다.

說		感		武		丁	

俊	乂	密	勿
준걸 준	어질 예	빽빽할 밀	말 물

훌륭한 선수가 많이 있는 한 우리 나라의 미래는 밝을 거야.

준예밀물 : 재주가 뛰어난 사람과 어진 사람이 조정에 많았다.

俊		乂		密		勿	

多	士	寔	寧
많을 **다**	선비 **사**	이 **식**	편안할 **녕**

다사식녕 : 선비들도 많으니 조정이 편안하였다.

晉	楚	更	霸
나라 **진**	나라 **초**	다시 **갱**	으뜸 **패**

진초갱패 : 진나라의 문공과 초나라의 장왕이 교대로 권력을 잡았다.

晉		楚		更		霸	

趙	魏	困	橫
조나라 **조**	위나라 **위**	곤할 **곤**	가로 **횡**

독불장군?
혼자서는 장군
이 못 되니까 너
무 뽐내지마.

조위곤횡 : 조나라와 위나라는 장의의 연횡책을 따른 까닭에 진나라로부터 많은 곤란을 받았다.

趙		魏		困		橫	

假 途 滅 虢
거짓 가
길 도
멸할 멸
나라 괵
이 집 가지세요?
저 친구의 속셈이 뭘까?
가도멸괵 : 길을 빌려 괵나라를 멸망시키고 돌아올 때는 길을 빌려 준 우나라도 멸망시켰다.
假 途 滅 虢

踐 土 會 盟
밟을 천
흙 토
모을 회
맹세 맹
저 구두쇠가 웬일일까?
너희들이 나에게 한 가지 사실만 약속해 준다면 내가 갖고 있는 것을…
그게 뭔데?
천토회맹 : 진나라의 문공이 천토에 제후들을 모아 놓고 맹세하게 했다.
踐 土 會 盟

何	遵	約	法
어찌 하	좇을 준	언약 약	법 법

하준약법 : 한나라의 고조는 소하를 시켜 약법 삼장에 새로운 조목을 더 만들어 백성들에게 지키게 했다.

何		遵		約		法	

韓	弊	煩	刑
나라이름 **한**	해칠 **폐**	번거로울 **번**	형벌 **형**

한폐번형 : 한나라의 비자는 진시황을 도와 나쁜 형벌을 시행하다가 도리어 그 형벌에 죽었다.

韓		弊		煩		刑	

起	翦	頗	牧
일어날 **기**	자를 **전**	자못 **파**	칠 **목**

우리 나라의 유명한 장수로는 이순신 · 을지문덕 등이 있는데 저 사람이 이순신 장군의 후손이래…
뭐라고?

기전파목 : 백기와 왕전은 진나라의 이름난 장수이고, 염파와 이목은 조나라의 이름난 장수였다.

起		翦		頗		牧	

用	軍	最	精
쓸 용	군사 군	가장 최	정할 정

용군최정 : 군사를 부림에 있어서 빈틈이 없었다.

用		軍		最		精	

宣	威	沙	漠
베풀 **선**	위엄 **위**	모래 **사**	사막 **막**

선위사막 : 장수로서 그 이름을 사막에까지 떨쳤다.

宣		威		沙		漠	

馳	譽	丹	靑
달릴 치	기릴 예	붉을 단	푸를 청

와! 멋있다
저 그림은 아주 오래 전에 유명한 화가가 그린 것으로 오늘날까지 많은 사람들의 사랑을 받고 있지.

치예단청 : 그 명예를 사후에도 길이 빛내기 위하여 그림으로 그렸다.

馳		譽		丹		靑	

九	州	禹	跡
아홉 **구**	고을 **주**	임금 **우**	자취 **적**

구주우적 : 구주는 하나라의 우왕이 분별하였다.

九		州		禹		跡	

百 郡 秦 竝
일백 백
고을 군
나라 진
아우를 병
녀, 남북한으로 언제 나뉘었는지 아니?
글쎄?
백군진병 : 백군은 진나라의 시황제가 나눈 것이다.
百 郡 秦 竝

嶽	宗	恒	岱
큰메 악	마루 종	항상 항	메 대

악종항대 : 다섯 개의 산 중에서 항산과 태산이 으뜸이다.

嶽		宗		恒		岱	

禪	主	云	亭
사양할 **선**	주인 **주**	이를 **운**	정자 **정**

저 마니산에서 단군 왕검의 제사를 지낸다는 말씀이지요?
아암!

선주운정 : 태산에 운운산과 정정산이 있는데, 제사 지낼 때는 그곳을 최고로 여겼다.

禪		主		云		亭	

鴈	門	紫	塞
기러기 안	문 문	붉을 자	변방 색

안문자색 : 봉우리가 높은 안문산과 긴 성으로 된 만리장성이 유명하다.

鴈		門		紫		塞	

鷄	田	赤	城
닭 **계**	밭 **전**	붉을 **적**	재 **성**

아! 상쾌해.
구름이 손에 잡힐 것
같애.
정말 아름다운
강산이야.

계전적성 : 계전은 경치 좋고 적성은 돌이 붉은 것으로 유명하다.

鷄		田		赤		城	

昆	池	碣	石
맏 곤	못 지	돌 갈	돌 석

이곳은 역사적으로
유명한 못이야.
전국에 이러한 못이
여러 개 있는데…

곤지갈석 : 곤지는 못으로 갈석은 산으로 유명하다.

昆		池		碣		石	

鉅	野	洞	庭
클 거	들 야	골 동	뜰 정

얼마만에 나와 보는 들판이야. 정말 아름답구나. 마음껏 놀자.
야호!

거야동정 : 거야는 들로 동정호는 호수로 유명하다.

鉅		野		洞		庭	

曠	遠	綿	邈
빌 **광**	멀 **원**	솜 **면**	멀 **막**

광원면막 : 산과 들이 아득하게 이어져 있다.

曠		遠		綿		邈	

巖	岫	杳	冥
바위 **암**	산굴 **수**	아득할 **묘**	어두울 **명**

암수묘명 : 바위산과 골짜기는 깊고 컴컴하다.

巖		岫		杳		冥	

治	本	於	農
다스릴 **치**	근본 **본**	어조사 **어**	농사 **농**

치본어농 : 농사를 정치의 근본으로 삼았다.

治		本		於		農	

務	茲	稼	穡
힘쓸 무	이 자	심을 가	거둘 색

풍년이 왔어!

풍년이 왔네!

무자가색 : 때 맞추어 곡식을 심고 거두는 데 힘썼다.

務		茲		稼		穡	

俶	載	南	畝
비로소 **숙**	실을 **재**	남녘 **남**	밭이랑 **묘**

숙재남묘 : 비로소 남쪽 밭에 농작물을 재배한다.

俶		載		南		畝	

我	藝	黍	稷
나 아	재주 예	기장 서	피 직

아예서직 : 나는 기장과 피를 심겠다.

我		藝		黍		稷	

稅	熟	貢	新
세납 **세**	익을 **숙**	바칠 **공**	새 **신**

세숙공신 : 곡식이 익어 거두어들이면 나라에 세금도 내고 조상에게 제사를 올린다.

稅		熟		貢		新	

勸	賞	黜	陟
권할 권	상줄 상	내칠 출	오를 척

서당에 일찍 오면 훈장님이 상을 주실까?
천만의 말씀. 상 받고 싶으면 먼저 얌전해져야 할걸.

권상출척 : 부지런한 사람에게는 상을 주어 권장하고 그렇지 않으면 내쫓는다.

勸		賞		黜		陟	

孟	軻	敦	素
맏 **맹**	때못만날 **가**	도타울 **돈**	바탕 **소**

맹가돈소 : 맹자는 타고난 성품이 소박했다.

孟		軻		敦		素	

史	魚	秉	直
사기 **사**	고기 **어**	잡을 **병**	곧을 **직**

사어병직 : 사어는 그 성격이 곧고 정직하였다.

史		魚		秉		直	

庶	幾	中	庸
거의 **서**	거의 **기**	가운데 **중**	떳떳할 **용**

서기중용 : 어떤 일이든 한쪽에 치우침 없이 중용을 지켜야 한다.

庶		幾		中		庸	

勞	謙	謹	勅
수고로울 **로**	겸손할 **겸**	삼갈 **근**	칙서 **칙**

네가 먼저 말
해.
아니야, 중요한 이야
기 아니니까 네가 먼
저 말해.

노겸근칙 : 노력하며 겸손하고 나쁜 일을 삼가며 자기 몸을 경계하고 바로잡아야 한다.

勞		謙		謹		勅	

聆	音	察	理
들을 **령**	소리 **음**	살필 **찰**	이치 **리**

영음찰리 : 말을 듣고 움직이는 짓이나 태도를 살핀다.

聆		音		察		理	

鑑	貌	辨	色
거울 감	모양 모	분별할 변	빛 색

감모변색 : 행동과 얼굴의 색을 보고 그 사람의 심리를 헤아린다.

鑑		貌		辨		色	

貽	厥	嘉	猷
줄 **이**	그 **궐**	아름다울 **가**	꾀 **유**

이궐가유 : 착한 일을 후손에게까지 남긴다.

貽		厥		嘉		猷	

할머니, 이 자리 에 앉으세요.
참 착한 학생 이로구나.

勉	其	祇	植
힘쓸 **면**	그 **기**	공경할 **지**	심을 **식**

면기지식 : 선함이 몸에 배게 힘써야 한다.

勉		其		祇		植	

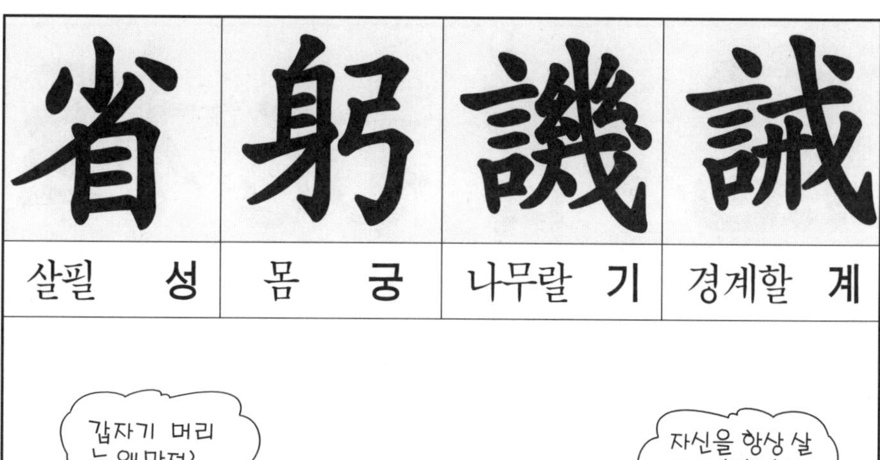

省 躬 譏 誡
살필 성
몸 궁
나무랄 기
경계할 계

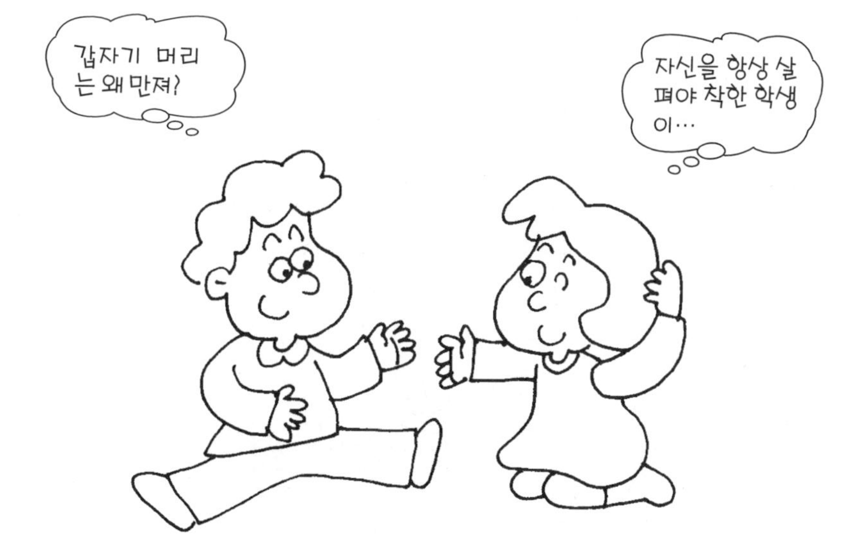

성궁기계 : 자신을 살펴 나무라거나 경계함이 있나 조심해야 한다.

省		躬		譏		誡	

寵	增	抗	極
사랑할 **총**	더할 **증**	겨룰 **항**	극진할 **극**

1등 했다고 너무 뽐내지 말거라.
네! 훈장님 말씀 가슴에 잘 새겨 두겠습니다.

총증항극 : 사랑을 받을수록 교만하기 쉽기 때문에 정성을 기울여야 한다.

寵		增		抗		極	

殆	辱	近	恥
위태할 **태**	욕 **욕**	가까울 **근**	부끄러울 **치**

태욕근치 : 욕된 일을 하면 머지않아 위태로움과 치욕을 당하게 된다.

殆		辱		近		恥	

林	皐	幸	卽
수풀 림	언덕 고	다행 행	곧 즉

임고행즉 : 부끄럽고 욕된 일을 당하게 되면 숲으로 들어가 살아가는 것이 좋다.

林		皐		幸		卽	

兩	疏	見	機
두 **량**	거칠 **소**	볼 **견**	틀 **기**

양소견기 : 소광과 소수 두 소씨는 때를 보았다.

兩		疏		見		機	

解	組	誰	逼
풀 해	끈 조	누구 수	닥칠 핍

무슨
할말이라도?
반장 자리를 이쪽
에서 양보하려고
요?

해조수핍 : 그런 후 관의 끈을 풀고 물러나니 누가 괴롭게 하겠는가.

解 組 誰 逼

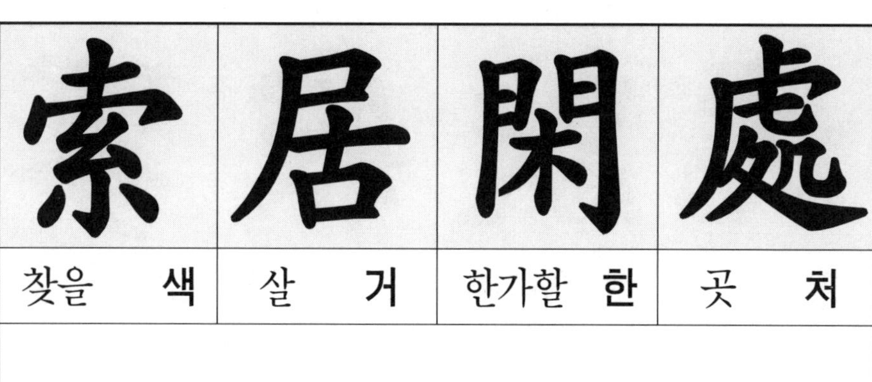

索	居	閑	處
찾을 **색**	살 **거**	한가할 **한**	곳 **처**

색거한처 : 한적한 곳을 찾아 그곳에서 살았다.

索		居		閑		處	

沈	默	寂	寥
잠길 **침**	잠잠할 **묵**	고요할 **적**	고요할 **료**

친구가 없으니까 너무 심심해. 누구랑 놀지?

새야! 나와 같이 놀자.

침묵적료 : 그렇게 사니 잠잠하고 고요하기만 하다.

沈		默		寂		寥	

求	古	尋	論
구할 구	옛 고	찾을 심	의논할 론

구고심론 : 옛 성인 군자의 글을 구하여 읽고 배우며 그 도를 찾아 논한다.

求		古		尋		論	

散	慮	逍	遙
흩을 산	생각 려	노닐 소	노닐 요

천자문은 잠시 미루
어 두고 만화책이나
한 권 더 빌려 보자.

산려소요 : 세상 일 생각지 않고 한가롭게 논다.

散		慮		逍		遙	

欣	奏	累	遣
기쁠 흔	아뢸 주	여러 루	보낼 견

흔주루견 : 기쁜 것은 말하고 번거로운 것은 사라지게 한다.

欣		奏		累		遣	

戚	謝	歡	招
슬플 **척**	사례할 **사**	기쁠 **환**	부를 **초**

척사환초 : 슬픈 것은 없어지고 즐거운 것만 부른 듯이 온다.

戚		謝		歡		招	

渠	荷	的	歷
개천 **거**	연꽃 **하**	맞을 **적**	지날 **력**

거하적력 : 개울의 연꽃은 활짝 피어 아름답다.

渠		荷		的		歷	

園	莽	抽	條
동산 **원**	풀 **망**	뺄 **추**	가지 **조**

원망추조 : 동산의 풀은 가지를 뻗어 크게 자라고 있다.

園		莽		抽		條	

枇	杷	晩	翠
비파 **비**	비파 **파**	늦을 **만**	푸를 **취**

늦가을에 이렇게 예
쁜 꽃이 피어나다니?
계절을 잘못 알았나?

비파만취 : 비파나무의 잎은 늦게까지 푸른 빛이 변하지 않는다.

枇		杷		晩		翠	

梧	桐	早	凋
오동 오	오동 동	이를 조	시들 조

오동조조 : 오동나무의 잎은 일찍 마른다.

梧		桐		早		凋	

陳	根	委	翳
묵을 **진**	뿌리 **근**	버릴 **위**	말라죽을 **예**

진근위예 : 오래 묵은 나무의 뿌리는 말라 죽었다.

陳		根		委		翳	

落	葉	飄	颻
떨어질 **락**	잎사귀 **엽**	나부낄 **표**	나부낄 **요**

저 푸르른
가을 하늘!

낙엽표요 : 떨어진 나뭇잎은 바람에 나부낀다.

落		葉		飄		颻	

遊	鵾	獨	運
놀 유	고니 곤	홀로 독	움직일 운

유곤독운 : 곤새는 홀로 돌아다니며 논다.

遊		鵾		獨		運	

凌	摩	絳	霄
업신여길 **릉**	만질 **마**	붉을 **강**	하늘 **소**

능마강소 : 붉은 하늘을 마음대로 날아다닌다.

凌		摩		絳		霄	

耽	讀	翫	市
즐길 **탐**	읽을 **독**	가지고놀 **완**	저자 **시**

탐독완시 : 한나라의 왕충은 책 읽기를 즐겨 항상 거리에 나가 책을 읽었다.

耽		讀		翫		市	

寓	目	囊	箱
부칠 우	눈 목	주머니 낭	상자 상

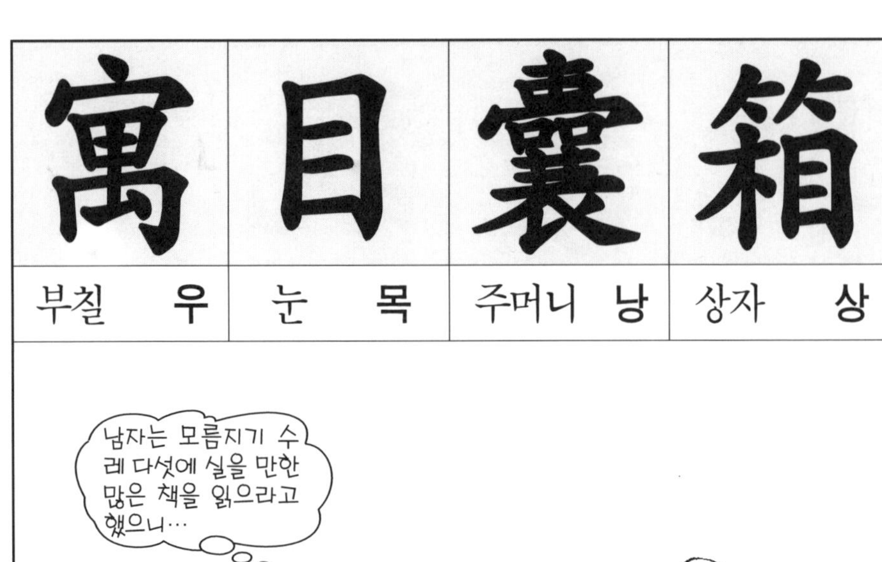

남자는 모름지기 수레 다섯에 실을 만한 많은 책을 읽으라고 했으니…

남아 수독 오거서?

우목낭상 : 주머니와 상자에 넣어둠과 같이 글을 한 번 보면 잊지 않았다.

寓		目		囊		箱	

이유유외 : 군자는 쉽고 가벼운 것이라도 조심해야 한다.

易		輶		攸		畏	

屬	耳	垣	墻
붙일 속	귀 이	담 원	담 장

남자의 말 한 마디는
천금과 같이 무겁고
가치가 있어야 한다
고 했으니…

남아 일언 중천금

속이원장 : 담에도 귀가 있다는 말과 같이 말을 경솔하게 하지 말아야 한다.

屬		耳		垣		墻	

具	膳	飧	飯
갖출 구	반찬 선	밥 손	밥 반

구선손반 : 반찬을 골고루 준비하여 밥을 먹는다.

具		膳		飧		飯	

適	口	充	腸
맞을 **적**	입 **구**	채울 **충**	창자 **장**

생일은 역시 좋아, 맛있는 것도 식탁에 많이 오르니…
냠냠!
쩝쩝!

적구충장 : 그렇게 하니 마침내 입에 맞아 배가 부르다.

適		口		充		腸	

飽	飫	烹	宰
배부를 **포**	배부를 **어**	삶을 **팽**	재상 **재**

포어팽재 : 배가 부르면 좋은 음식도 먹기 싫다.

飽		飫		烹		宰	

飢	厭	糟	糠
주릴 **기**	만족할 **염**	재강 **조**	겨 **강**

얼마나 배가 고팠
으면 마파람에 게
눈 감추듯 먹어 치
울까?

기염조강 : 배곯으면 지게미와 쌀겨도 맛이 있다.

飢		厭		糟		糠	

親	戚	故	舊
친할 **친**	겨레 **척**	연고 **고**	옛 **구**

친척고구 : 친척이나 옛 친구를 대접할 때는

親		戚		故		舊	

老	少	異	糧
늙을 로	젊을 소	다를 이	양식 량

장유유서란 말도 있지. 그러니 조금만 기다려라.
할머니?
꼴깍꼴깍!

노소이량 : 늙은 사람과 젊은 사람에게 대접하는 음식을 달리해야 한다.

老		少		異		糧	

妾	御	績	紡
첩 **첩**	모실 **어**	길쌈 **적**	길쌈할 **방**

여유롭게 앉아 손자 ·
손녀들의 재롱도 보고,
세월 참 좋아졌네, 옛
날 같았으면…

첩어적방 : 아내는 길쌈을 부지런히 해야 한다.

妾		御		績		紡	

侍	巾	帷	房
모실 **시**	수건 **건**	장막 **유**	방 **방**

시건유방 : 안방에서는 수건을 준비해 두고 남편을 섬겨야 한다.

侍		巾		帷		房	

紈	扇	圓	潔
깁 환	부채 선	둥굴 원	깨끗할 결

환선원결 : 하얀 비단으로 만든 부채는 둥글고 깨끗하다.

紈		扇		圓		潔	

銀	燭	煒	煌
은 은	촛불 촉	밝을 위	빛날 황

장발장이 훔친 촛대
는 금촛대였는데 이
건 은촛대잖아.

은촉위황 : 은촛대의 촛불이 빛난다.

銀 燭 煒 煌

晝 眠 夕 寐
낮 주 잠잘 면 저녁 석 잘 매
밥을 먹어서 그런지 글자도 눈에 안 들어오고 자꾸만 눈이 감기네.
에라 모르겠다. 쿨쿨!
주면석매 : 낮에는 졸고 밤에는 잠을 잔다.
晝 眠 夕 寐

藍	筍	象	床
쪽 람	죽순 순	코끼리 상	상 상

남순상상 : 푸른 대나무순과 상아로 꾸민 침대가 있다.

藍		筍		象		床	

絃	歌	酒	讌
줄 현	노래 가	술 주	잔치 연

현가주연 : 악기에 맞추어 노래와 술로 잔치를 벌인다.

絃 歌 酒 讌

接	杯	擧	觴
댈 접	잔 배	들 거	잔 상

접배거상 : 잔을 들거나 잔을 주고받는다.

接		杯		擧		觴	

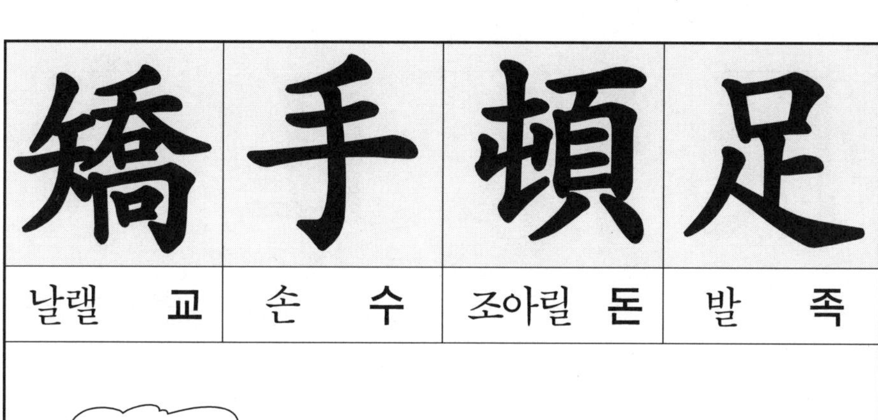

교수돈족 : 손을 움직이고 발을 굴러 춤을 춘다.

矯		手		頓		足	

悅	豫	且	康
기쁠 **열**	미리 **예**	또 **차**	편안할 **강**

열예차강 : 기쁘고 즐거우며 또한 편안하기 그지없다.

悅		豫		且		康	

嫡	後	嗣	續
정실 **적**	뒤 **후**	이을 **사**	이을 **속**

적후사속 : 큰아들이 부모의 뒤를 이어 대를 잇는다.

嫡		後		嗣		續	

祭	祀	蒸	嘗
제사 **제**	제사 **사**	찔 **증**	맛볼 **상**

팔월 한가위에는 송편을, 우리우리 설날에는 떡국을 놓고 제사를 지내느니라.

제사증상 : 겨울 제사는 증이라 하고, 가을 제사는 상이라 한다.

祭		祀		蒸		嘗	

稽 顙 再 拜
머리숙일 계
이마 상
두 재
절 배
살아 있는 사람에
게는 두 번 절하는
것이 아니야.
이제 그만!
계상재배 : 이마를 숙여 두 번 절한다.
稽 顙 再 拜

悚	懼	恐	惶
두려워할 **송**	두려워할 **구**	두려울 **공**	두려워할 **황**

살아계신 훈장님께 두 번 절한 것은 아무리 생각해도 송구스러워.

송구공황 : 송구하고 두렵고 황송하게 공경해야 한다.

牋	牒	簡	要
편지 **전**	편지 **첩**	간략할 **간**	종요로울 **요**

전첩간요 : 글과 편지는 간략히 써야 한다.

牋 牒 簡 要

顧	答	審	詳
돌아볼 **고**	대답할 **답**	살필 **심**	자세할 **상**

네 꿈이
무엇이니?
훈장님, 제 꿈은요, 비행
기를 타고 세계 일주를
하는 것인데요, 먼저…

고답심상 : 대답은 잘 생각하고 살펴서 자세하게 해야 한다.

顧		答		審		詳	

骸	垢	想	浴
뼈 **해**	때 **구**	생각할 **상**	목욕할 **욕**

해구상욕 : 몸에 때가 끼면 목욕할 것을 생각한다.

骸		垢		想		浴	

執	熱	願	涼
잡을 **집**	더울 **열**	원할 **원**	서늘할 **량**

시원한 주스
가 좋을 것
같아서요…
따뜻한 차를 마시면
좋은데, 이 추위에
웬 주스예요?

집열원량 : 더우면 서늘함을 원한다.

執		熱		願		涼	

驢	騾	犢	特
나귀 려	노새 라	송아지 독	숫소 특

여라독특 : 나귀 · 노새 · 송아지 · 황소 등은 특별한 가축이다.

驢		騾		犢		特	

駭	躍	超	驤
놀랄 해	뛸 약	뛰어넘을 초	달릴 양

해약초양 : 놀라서 뛰기도 하고 넘고 달리며 논다.

駭		躍		超		驤	

誅	斬	賊	盜
벨 주	벨 참	도둑 적	도둑 도

가슴이 떨리는데 빨리
도망가자,
이러다 들키면 교도소?

주참적도 : 역적과 도둑은 목을 베어 버린다.

誅		斬		賊		盜	

捕	獲	叛	亡
잡을 **포**	얻을 **획**	배반할 **반**	도망 **망**

포획반망 : 배반하고 도망하는 사람을 잡아 죄를 다스린다.

捕		獲		叛		亡	

布	射	遼	丸
베 포	쏠 사	멀 료	총알 환

활쏘는 연습을 열심히하면 올림픽에서 금메달을 딸 수 있을까? 그 첫번째 목표물이 바로…
부디 용서해다오!

포사료환 : 여포는 활을 잘 쏘았고, 웅의료는 공을 잘 굴렸다.

布		射		遼		丸	

嵇	琴	阮	嘯
성 **혜**	거문고 **금**	성 **완**	휘파람불 **소**

해금완소 : 혜강은 거문고를 잘 탔으며, 완적은 휘파람 소리를 잘 냈다.

嵇		琴		阮		嘯	

恬	筆	倫	紙
편안 **염**	붓 **필**	인륜 **륜**	종이 **지**

족제비털로 만든 붓과 전주 한지로 만든 이 책을 가보로 전하려면 잘 보관해야 하는데…

엄필륜지 : 몽염은 붓을 처음 만들었고, 채륜은 종이를 처음 만들었다.

恬		筆		倫		紙	

鈞	巧	任	釣
무게단위 **균**	공교할 **교**	맡길 **임**	낚시 **조**

균교임조 : 마균은 지남거(수레)를 처음 만들었고, 임공자는 낚시를 처음 만들었다.

鈞		巧		任		釣	

釋	紛	利	俗
놓을 **석**	어지러울 **분**	이로울 **리**	풍속 **속**

석분리속 : 이상 여덟 사람은 어지러운 것을 풀어서 생활을 이롭게 했다.

釋		紛		利		俗	

竝	皆	佳	妙
아우를 **병**	다 **개**	아름다울 **가**	묘할 **묘**

병개가묘 : 모두 다 아름답고 묘한 재주였다.

竝		皆		佳		妙	

毛	施	淑	姿
털 모	베풀 시	맑을 숙	모양 자

모시숙자 : 모장과 서시는 대단히 아름다웠다.

毛		施		淑		姿	

工	嚬	姸	笑
장인 **공**	찡그릴 **빈**	고울 **연**	웃음 **소**

모습이 얼마나 아름
다운지 거리가 다
환하네.
와! 정말
아름답다

공빈연소 : 두 여자의 찡그린 모습이나 웃는 모습 모두 아름다웠다.

工		嚬		姸		笑	

年	矢	每	催
해 년	살 시	매양 매	재촉할 최

연시매최 : 세월은 화살같이 빠르다.

年		矢		每		催	

羲	暉	朗	曜
햇빛 **희**	빛날 **휘**	밝을 **랑**	빛날 **요**

아침 일찍 일어나 밝게 떠오르는 해를 바라보니 기분이 상쾌하지?

네, 근데 지금 저는 졸려요, 조금만 더 잤으면 좋겠어요,

아이 졸려!

희휘랑요 : 해는 밝게 빛나고 있다.

羲		暉		朗		曜	

璇	璣	懸	斡
구슬 선	구슬 기	달 현	돌 알

선기현알 : 구슬로 만든 혼천의가 높이 매달려 돌고 있다.

璇		璣		懸		斡	

晦	魄	環	照
그믐 회	넋 백	고리 환	비칠 조

회백환조 : 달은 고리와 같이 돌면서 빛난다.

晦		魄		環		照	

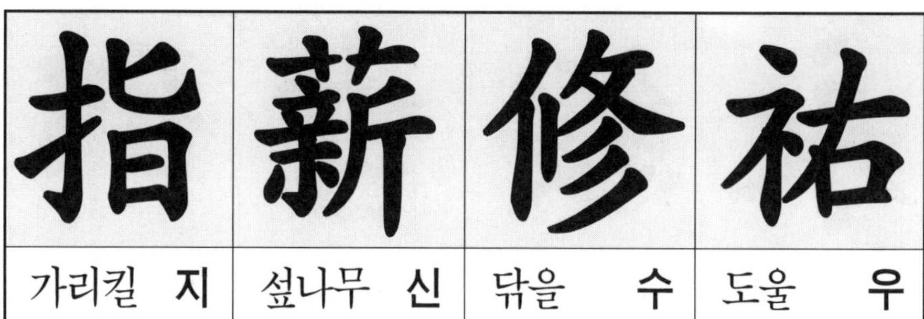

指	薪	修	祐
가리킬 지	섶나무 신	닦을 수	도울 우

지신수우 : 섶의 불꽃처럼 꾸준히 마음을 닦아야 한다.

指		薪		修		祐	

永	綏	吉	邵
길 영	편안할 수	길할 길	높을 소

영수길소 : 영구히 편안하고 행복해질 수 있다.

永		綏		吉		邵	

矩	步	引	領
법 **구**	걸음 **보**	이끌 **인**	거느릴 **령**

구보인령 : 옷깃을 여민 후 예의 바르게 걸어야 한다.

矩 步 引 領

俯	仰	廊	廟
구부릴 **부**	우러를 **앙**	행랑 **랑**	사당 **묘**

부앙랑묘 : 사당에서처럼 구부리거나 우러러보며 항상 예의를 지켜야 한다.

俯		仰		廊		廟	

束	帶	矜	莊
묶을 **속**	띠 **대**	자랑할 **긍**	장엄할 **장**

속대긍장 : 의복을 단정히 함으로써 위엄을 지켜야 한다.

束		帶		矜		莊	

徘 徊 瞻 眺

徘	徊	瞻	眺
배회할 **배**	배회할 **회**	볼 **첨**	바라볼 **조**

배회첨조 : 목적없이 이리저리 돌아다니거나 쳐다보는 것은 모두 예의에 어긋난다.

徘		徊		瞻		眺	

孤陋寡聞

외로울 **고**	더러울 **루**	적을 **과**	들을 **문**

고루과문 : 외로워 배움이 부족하고 듣는 것이 적다.

孤		陋		寡		聞	

愚 蒙 等 誚
어리석을 우
어리석을 몽
무리 등
꾸짖을 초
어리석은 저를 용서하여 주세요.
이 양말은?
우몽등초 : 어리석은 사람들과 같아서 꾸지람을 듣게 된다.
愚 蒙 等 誚

謂語助者

謂	語	助	者
이를 **위**	말씀 **어**	도울 **조**	놈 **자**

천자문도 이제 다 끝나가는데 도로아미타불이 안 되었으면 좋겠구나.
그렇게 섭섭한 말씀 하지 마셔요. 제가 누굽니까?

위어조자 : 한문에서 토가 되는 글자에는 여러 가지가 있다.

謂 語 助 者

焉	哉	乎	也
어조사 **언**	어조사 **재**	어조사 **호**	어조사 **야**

은혜는 배운 것을 잊지 않는 것이야. 아무튼 애썼다.
훈장님! 이 은혜를 무엇으로 갚아야 할까요?

언재호야 : 그 중에 언 · 재 · 호 · 야의 네 글자가 많이 쓰인다.

焉		哉		乎		也	

나와 친척과의 관계

나를 중심으로 한 직계 친척

할아버지 : 아버지의 아버지
증 조 부 : 아버지의 할아버지
고 조 부 : 할아버지의 할아버지
큰아버지 : 아버지의 형(삼촌)
작은아버지 : 아버지의 동생(삼촌)
종 형 제 : 큰아버지나 작은아버지의 아들
종 자 매 : 큰아버지나 작은아버지의 딸
종 조 부 : 할아버지의 형제
종 숙 부 : 종조부의 장남(오촌)
당 숙 : 종조부의 작은아들(오촌)
당 고 모 : 종조부의 딸(오촌)
재종형제 : 오촌이 낳은 자녀(육촌)
재 당 숙 : 종조부의 자녀(육촌)
삼종형제 : 재당숙의 자녀(팔촌)

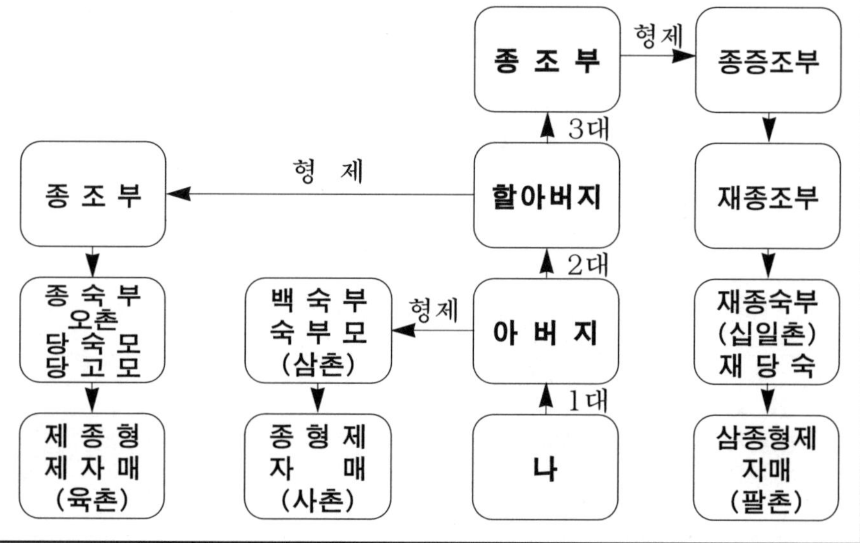

나와 친척과의 관계

외족에 대한 친척

외숙(외삼촌) : 어머니의 남자 형제
외 숙 모 : 외숙의 부인
외종형제(외사촌) : 외숙의 자녀
이 모 : 어머니의 여자 형제
이종형제(이종사촌) : 이모의 자녀
생 질 : 외숙이 나를 부를 때
이 질 : 이모가 나를 부를 때
외할아버지 : 어머니의 아버지
외할머니 : 어머니의 어머니
외 손 : 외할아버지 외할머니가 나를 부를 때
외 종 조 : 외할아버지의 형제
외대고모 : 외할아버지의 여자 형제
외 종 숙 : 외종조의 자녀(어머니의 사촌)
외재종형제 : 외종숙의 자녀(외육촌)

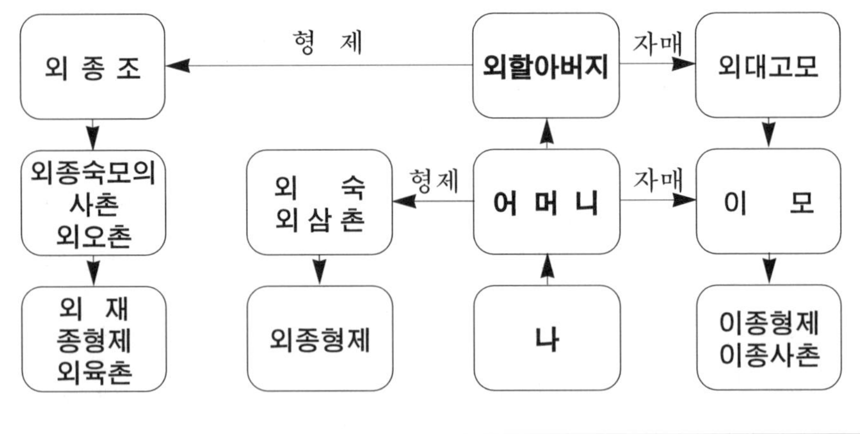

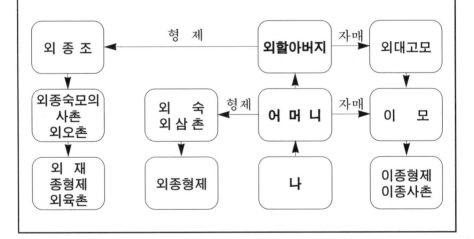

디지털시대에 천자문 확실히 익히기

천자문

1판 1쇄 인쇄 | 2024년 12월 25일
1판 1쇄 발행 | 2024년 12월 30일

해 설 | 한행수
그 림 | 김혜선
펴낸곳 | 브라운힐

서울시 마포구 토정로 214 (신수동 388-2)
대표전화 (02)713-6523, 팩스 (02)3272-9702
등록 제 10-2428호

ISBN 979-11-5825-174-1 73720
값 15,000원